Inhalt

Schuldscheindarlehen - Revival einer cleveren Finanzierungsalternative

Kernthesen

Beitrag

Fallbeispiele

Weiterführende Literatur

Impressum

Schuldscheindarlehen - Revival einer cleveren Finanzierungsalternative

Gerhard Dengl

Kernthesen

- Schuldscheindarlehen erfreuen sich derzeit wieder größerer Beliebtheit. Vor allem für kleine und mittelgroße Mittelständler stellen sie eine interessante Finanzierungsalternative dar, da die emittierenden Unternehmen kein externes Rating benötigen.
- Das Instrument ist grundsätzlich für eine breite Investorengruppe geeignet, wird derzeit aber immer noch hauptsächlich von Banken gekauft. Dies dürfte sich aber bald ändern, da gerade solche Investitionen auf Bankseite zukünftig mit mehr Eigenkapital

zu unterlegen sind.
- Für die emittierenden Unternehmen muss das nicht unbedingt ein Nachteil sein, denn sie wollen sich oft durch die Vergabe von Schuldscheinen von der Bankenfinanzierung ein Stück weit unabhängiger machen. Neue Interessenten, wie zum Beispiel Versicherer, stehen schon bereit.

Beitrag

Neuer Boom für Schuldscheine

Das Schuldscheindarlehen (engl.: bonded loan, promissory note, promissory note bond) führte lange Zeit eine Schattenexistenz weitab des Glamours innovativer Finanzinstrumente wie Verbriefungen oder Derivate; selbst der Markt für Unternehmensanleihen (engl. corporate bonds) hat ein deutlich größeres Volumen. Erstmals seit langem zeigten sich die Vorteile des Instruments nach Ausbruch der Finanzkrise im Jahr 2008; das führte zu einem regelrechten Boom. Im Jahr 2012 gibt es ein erneutes Revival, denn die Emissionsvolumina steigen erneut. (2)

Insgesamt hat sich der Markt in den vergangenen zehn Jahren auf knapp 70 Milliarden Euro verdreifacht. Das stellt insgesamt etwa ein Drittel des Volumens klassischer Unternehmensanleihen dar. (3)

Der Schuldschein als Finanzierungsalternative

Der Schuldschein ist eine Finanzierungsalternative, die zwischen dem klassischen Bankkredit und der Platzierung einer Unternehmensanleihe rangiert. Wie gelingt das? Die klassische Unternehmensanleihe ist als Inhaberpapier ausgestaltet. Das bedeutet, dass sie potenziell an jeden verkauft werden kann, und das emittierende Unternehmen in der Regel nicht weiß, wer seine Gläubiger sind. Gerade weil es ein Inhaberpapier ist, kann es ohne Weiteres gehandelt beziehungsweise weiterverkauft werden. Beim klassischen Bankkredit ist es umgekehrt. Der Gläubiger ist bekannt, und das Kreditverhältnis kann - wenn überhaupt - nur unter hohem Aufwand auf einen anderen übertragen werden. In der Regel ist das aus verschiedenen Gründen jedoch gar nicht gewünscht. Das Schuldscheindarlehen befindet sich zwischen diesen beiden Alternativen. Einerseits ist der Käufer des Schuldscheindarlehens dem

Emittenten bekannt; andererseits ist es diesem aber möglich, mittels Abtretung den Schuldschein an einen anderen Gläubiger zu übertragen. Gegenüber dem Bankkredit besteht damit eine - wenn auch eingeschränkte - Übertragbarkeit. Tatsächlich wird davon in der Praxis aber nur selten Gebrauch gemacht, denn etwa 90 Prozent der Schuldscheine werden vom ersten Erwerber bis zur Endfälligkeit gehalten. (5), (9)

Grundsätzlich breite Investorenbasis

Prinzipiell kommt als Käufer eines Schuldscheins jeder in Frage, nicht nur eine Bank. Doch obwohl sich viele emittierende Unternehmen durch die Vergabe von Schuldscheinen gerade unabhängig von den Banken machen wollen, zählen diese immer noch zu den Hauptinvestoren. Das mutet auf den ersten Blick ungewöhnlich an, erklärt sich aber dadurch, dass gerade lokal operierende Banken und Sparkassen bevorzug Papiere von Unternehmen kaufen, die nicht zu ihren Kreditkunden zählen. Aus Sicht der Bank stellt gerade die Investition in andere Wirtschaftszweige und Branchen eine Diversifizierung ihres eigenen Portfolios dar. (3)

Zukünftig könnte es hier zu einer Verschiebung

kommen, denn während die Investitionen in Schuldscheine für Banken zunehmend uninteressanter werden, gewinnen sie für Versicherer stark an Attraktivität. (8)

Geringere Verzinsung als Unternehmensanleihe

Obwohl das Kreditrisiko vom emittierenden Unternehmen ausgeht, ist für ein und dasselbe Unternehmen der Schuldschein oft die günstigere Alternative. Während die Rendite für die Anleihe in erster Linie vom externen Rating abhängt, hängt sie für den Schuldschein von der Einschätzung des Investors ab. Weicht diese, beispielsweise aufgrund langjähriger Geschäftsbeziehungen, positiv von dem externen Rating ab, ergibt sich für das emittierende Unternehmen ein deutlich niedrigerer Zinssatz. (7)

Es wird kein Rating benötigt

Ein Vorteil gegenüber der Anleihe besteht darin, dass das emittierende Unternehmen kein Rating benötigt. Dies ist einerseits ein hoher Kostenfaktor, der gerade für kleinere Unternehmen nicht zu unterschätzen ist. Andererseits bedeutet es aber auch, dass sich das emittierende Unternehmen von keinem in die Karten schauen lassen muss - weder von einer potenziell kreditgebenden Bank, noch von einer Rating-Agentur. (3)

Kleine und mittelgroße Mittelständler stellen das Hauptsegment der Emittenten

Den letzten Boom von Schuldscheindarlehen gab es laut Experten der BayernLB in den Jahren 2008/2009. Damals verhalf der zusammenbrechende Anleihenmarkt dem Schuldschein zu neuer Blüte. Selbst für finanzstarke Unternehmen wie BMW, Siemens oder Daimler schien es damals schwer, eine Anleihe zu platzieren, und so griffen sie zum Schuldschein. BMW hat mit 1,35 Milliarden Euro im April 2008 den bis dahin größten Schuldschein überhaupt platziert. Für die Jahre 2011/2012 steht erneut ein - wenn auch kleinerer - Boom an. Es gibt allerdings einen wichtigen Unterschied zu 2008/2009. Während damals auch sehr große Unternehmen zum Schuldschein statt zur Anleihe griffen, sind es jetzt wieder die kleinen und mittelgroßen Mittelständler ohne Rating, die sich für das Instrument entscheiden. (2)

Trends

Investoren ist Sicherheit derzeit wichtiger als Rendite

Die aktuelle Situation an den Finanzmärkten ist der eigentliche Grund, warum sich Schuldscheindarlehen einer wachsenden Beliebtheit erfreuen. Im Gegensatz zu Anleihen gibt es bei Schuldscheinen so gut wie keine Volatilität, weil sie nicht im großen Maßstab gehandelt werden. Geringe Volatilität bedeutet für Investoren natürlich auch geringeres Risiko. Gerade das ist derzeit extrem attraktiv. Das einzige Risiko, das noch beim Schuldschein verbleibt, ist das Kreditrisiko des emittierenden Unternehmens - aber das hätte man bei der Anleihe genauso. (2)

Engagement von Banken in Schuldscheinen wird zurückgehen

Wenngleich bisher Banken die größte homogene Investorengruppe für Schuldscheine ausmachten, so wird deren Engagement zukünftig zurückgehen. Verschärfungen der Eigenkapitalregeln (Basel III) machen Investitionen in Unternehmenskredite ohne externes Rating für Banken zu kostspielig, weil sie besonders viel Kapital vorhalten müssen. Die Schuldscheinemittenten dürften das mit gemischten Gefühlen aufnehmen, denn ihnen bricht damit ein - wenn auch wenig geliebtes - Nachfragesegment weg. (3)

Schuldscheindarlehen als Ausweg in der Kommunalfinanzierung

Trotz der anhaltenden Diskussionen um die Kreditwürdigkeit der Länder an der Peripherie der Euro-Zone stellt die Finanzierung von Ländern und Kommunen bisher für Banken ein eher risikoarmes und damit langweiliges Geschäft dar. Unter diesem Aspekt leiden immer mehr deutsche Kommunen. Da das Geschäft nicht einträglich ist, ziehen sich Banken immer stärker aus der Vergabe von Kommunalkrediten zurück. Nun wird auch auf dieser Ebene erkannt, dass man sich durch den Einsatz anderer Instrumente, hierzu zählt vor allem der Schuldschein, neue Investorengruppen erschließen muss. (4)

Fallbeispiele

Aldi Süd

Gerade am Beispiel der beiden Unternehmen Aldi Süd und Aldi Nord zeigt sich, welches die besten Voraussetzungen für die Begebung von Schuldscheinen sind: Beide Häuser sind extrem profitabel und haben einen vergleichsweise geringen Fremdkapitalanteil in der Bilanz. Nach der reinen finanzwirtschaftlichen Lehre sind die Häuser gerade deswegen nicht optimal aufgestellt. Der Markt beurteilt das allerdings ganz anders. Mitten in der Finanzkrise, zum gleichen Zeitpunkt, an dem Schlecker vor dem Aus stand und an dem auch der französischen Einzelhandelsriese Carrefour sich dem Abgrund näherte, ist es für Aldi Süd beispielsweise kein Problem gewesen, ein Schuldscheindarlehen über 200 Millionen Euro aufzunehmen. Die Emission war mehrfach überzeichnet, und so kamen ganze 900 Millionen zusammen. (1)

Axel Springer

Eines der größten Schuldscheindarlehen dieses Jahres platzierte der Medienkonzern Axel Springer über ein Bankenkonsortium. Das Papier war deutlich überzeichnet, so dass das ursprünglich geplante Volumen von 300 auf 500 Millionen Euro aufgestockt wurde. Platziert wurde bei rund 120 Investoren, meist Sparkassen, Privatbanken und Landesbanken aus Deutschland. (6)

Weiterführende Literatur

(1) Der Kraftladen
aus Manager Magazin, 17.02.2012, Nr. 3, Seite 26

(2) Das Schuldschein-Déjà-vu
aus FINANCE - Der Markt für Unternehmen und Finanzen Heft 1 vom 03.02.2012, Seite 78

(3) Schuldscheine haben Konjunktur Immer mehr Firmen machen sich mit dem Finanzierungsinstrument unabhängig von Bankkrediten
aus Financial Times Deutschland vom 28.03.2012, Seite 16

(4) Kommunen kämpfen um Kredite Basel III und Staatsschuldenkrise verstärken Druck - Trend zu mehr Transparenz und anderen Instrumenten
aus Börsen-Zeitung, 23.03.2012, Nummer 59, Seite 4

(5) Schuldscheine wachsen unter Ausschluss der Öffentlichkeit
aus Frankfurter Allgemeine Zeitung, 11.04.2012, Nr. 85, S. 17

(6) Springer platziert Schuldscheine

aus Börsen-Zeitung, 20.04.2012, Nummer 77, Seite 9

(7) "Lassen Sie sich überraschen!"
aus FINANCE - Der Markt für Unternehmen und Finanzen Heft Ausgabe Juni/Juli vom 08.06.2012, Seite 66

(8) Versicherer drängen ins Bankgeschäft Generali will Unternehmen finanzieren - Branche kehrt zu alter Tradition zurück
aus Börsen-Zeitung, 19.05.2012, Nummer 96, Seite 1

(9) Schuldscheindarlehen als alternative Finanzierung gewinnt an Bedeutung Nichtkapitalmarktorientierte Unternehmen bieten attraktive Verzinsung
aus Börsen-Zeitung, 16.06.2012, Nummer 114, Seite 13

Impressum

Schuldscheindarlehen - Revival einer cleveren Finanzierungsalternative

Bibliografische Information der deutschen Nationalbibliothek

Die Deutsche Nationalbibliothek verzeichnet diese Publikation in der deutschen Nationalbibliografie; detaillierte bibliografische Daten sind im Internet über http://dnb.d-nb.de abrufbar.

ISBN: 978-3-7379-0521-3

© 2015 GBI-Genios Deutsche Wirtschaftsdatenbank GmbH, Freischützstraße 96, 81927 München, www.genios.de

Alle Rechte vorbehalten. Dieses Werk ist einschließlich aller seiner Teile – z.B. Texte, Tabellen und Grafiken - urheberrechtlich geschützt. Jede Verwertung außerhalb der Grenzen des Urheberrechtsgesetzes bedarf der vorherigen Zustimmung des Verlags. Dies gilt insbesondere auch für auszugsweise Nachdrucke, fotomechanische

Vervielfältigungen (Fotokopie/Mikroskopie), Übersetzungen, Auswertungen durch Datenbanken oder ähnliche Einrichtungen und die Einspeicherung und Verarbeitung in elektronischen Systemen.